LA

Revue sans Titre

PARIS — IMPRIMERIE ALCAN-LÉVY
61, rue de Lafayette.

CHARLES MONSELET

LA
Revue sans Titre

REVUE DE L'ANNÉE 1876

EN DEUX ACTES ET TROIS TABLEAUX

Représentée pour la première fois à Paris, sur le Théâtre des Variétés, le 8 décembre 1876

PARIS
LIBRAIRIE ANCIENNE ET MODERNE
BACHELIN-DEFLORENNE
Société anonyme. — Capital : 1,500,000 fr.
3, QUAI MALAQUAIS, 3
Succursale, 10, boulevard des Capucines, et 6, place de l'Opéra

1877

PRÉFACE

J'ai voulu faire une revue. J'ai pensé qu'un genre où se sont essayés Fatouville et, plus tard, Le Sage et Piron, n'était pas indigne d'un lettré. Un auteur qui eût mérité d'être un des fournisseurs de la foire Saint-Laurent ou de la foire Saint-Germain, M. A. Lemonnier, a bien voulu m'aider de son expérience et de ses conseils.

Cette édition est faite pour les curieux et les bibliophiles. Ne me restât-il de cette ten-

tative théâtrale que l'honneur d'avoir fait réciter des vers de Corneille au théâtre des Variétés, je serais content d'avoir écrit la Revue sans Titre.

Acte Premier

PERSONNAGES	ACTEURS
BEAUDUVET.............................	MM. Pradeau.
MÉNÉHOULD — le comte ROMANI ...	Léonce.
CLOCHE-PERCE — le docteur CÉSAR.	Dailly
PAUL.....................................	Cooper
LULLI — POSTHUMIA — RISLER aîné..	Guyon.
Un RÉGISSEUR	Blondelet.
CORNEILLE — DELOBELLE	Deltombe.
Un DOMESTIQUE......................	Hamburger.
Un AUTEUR — PLANUS..............	Daniel Bac.
Un CONDUCTEUR — FRONTIN	Germain.
Un RECENSEUR........................	Lanjallay.
VESTAPOR — ROMÉO	Deschamps.
MÉLICOQ................................	Chambéry.
Un COMMISSIONNAIRE...............	Franco.
Un VOYAGEUR	Videix.
Madame MÉLICOQ.....................	Mmes Aline Duval
L'ANCIENNE REVUE	Angèle.
La REVUE NOUVELLE...............	G. Gauthier
ROXELANE — KOSIKI................	J. Kuschnick
Madame MENEHOULD — Madame RISLER aîné	R. Maurel.
La COMÉDIE-FRANÇAISE. — MISTIGRI	Stella.
CHAUDETON — JEANNETTE — 1er AMOUR................................	Ghinassi.
L'OPÉRA — VIRGINIE.................	Guiotti.
Le TAMBOUR-MAJOR.................	R. Mignon.
JEANNE..................................	C. Clermont
ZULMA — Madame FROMENT........	Rose-Marie.
BIXIOU — 2e AMOUR..................	Lavigne.
JAUNE D'OCRE — 3e AMOUR	Esquirol.
COUCHER DE SOLEIL — 4e AMOUR.	Dubois.
VERMILLON — 5e AMOUR............	Dieul.
BLEU-DE-CIEL — 6e AMOUR	Linda.
JEANNETON.............................	Maria.
Une DAME..............................	Marietta

LA
Revue sans Titre

ACTE I

OUVERTURE

(Musique de M. Lindheim.)

(*Au milieu de l'ouverture, l'orchestre s'arrête tout à coup, et l'on entend le chœur suivant chanté dans la salle.*)

CHŒUR

AIR *des Conspirateurs de la Fille de madame Angot.*

C'est nous qui sommes
Les bons claqueurs,
Tous de beaux hommes,
Hommes de chœurs.
Mais pour vous plaire,
Nous f'rons ce soir
Avec mystère
Notre devoir!

REPRISE DE L'OUVERTURE

PREMIER TABLEAU

Le théâtre représente une campagne. Maisons au loin. Sur le troisième plan, au milieu de la scène, un poteau avec cette indication : France. — Belgique. Demi-nuit au lever du rideau.

SCÈNE PREMIÈRE

(*Pantomime. Musique en sourdine. Un Monsieur arrive rapidement du côté de la France. Ses bras sont chargés de sacs d'argent. Il se retourne pour voir s'il est poursuivi, passe la frontière, pousse un gros soupir de soulagement, puis prend sa course, tout joyeux, vers la Belgique. Toujours du même côté de la France, arrivent deux adversaires et quatre témoins. Les adversaires sont très pâles ; les témoins sont farouches, moustachus et boutonnés jusqu'au menton. L'un porte une boîte de pistolets, l'autre des épées. Ils passent la frontière et disparaissent.*)

SCÈNE II

UN AUTEUR, UN RÉGISSEUR

UN AUTEUR (*paraissant à droite*).
Psitt !

UN RÉGISSEUR (*paraissant à gauche*).
Psitt !

L'AUTEUR

C'est ici.

LE RÉGISSEUR

En êtes-vous certain ?

L'AUTEUR

Lisez ce télégramme.

LE RÉGISSEUR

Il n'y a plus à en douter.

L'AUTEUR

Nous la tenons.. Elle ne peut nous échapper.

LE RÉGISSEUR

Oui, mais silence !

L'AUTEUR

Du monde...

LE RÉGISSEUR

On vient de ce côté.

L'AUTEUR

Une femme enveloppée d'un grand manteau et suivie d'un domestique.

LE RÉGISSEUR

Ce doit être elle.

L'AUTEUR

Attention ! (*Ils se tiennent à l'écart. Une dame entre craintivement ; elle est voilée ; derrière elle un domestique porte une malle sur les épaules.*)

SCÈNE III

Les mêmes, LA DAME VOILÉE, UN DOMESTIQUE

LE DOMESTIQUE

Madame, encore quelques pas et vous êtes hors de danger.

LA DAME VOILÉE

Je tremble... je n'ai plus de forces.

LE DOMESTIQUE

N'allez pas vous évanouir comme une simple mortelle. Allons, du courage...

LA DAME VOILÉE

Tu as raison... du courage... Marchons !

L'AUTEUR ET LE RÉGISSEUR (*leur barrant le passage*).

Halte-là...

LE DOMESTIQUE

Pincés. (*Avec l'accent de Lassouche*). Tout est perdu ! j'en avais le pressentiment.

LA REVUE

Messieurs, laissez-moi passer, de grâce ; messieurs, je vous en prie.

L'AUTEUR

Ne nous reconnaissez-vous pas ?

LA REVUE

Ciel ! mon auteur !

LE RÉGISSEUR

Et moi ?

LA REVUE

Mon régisseur !

L'AUTEUR

Nous vous avons filée jusqu'ici... Vous êtes la Revue des Variétés, et vous vouliez nous échapper... mais nous avons été prévenus.

LE DOMESTIQUE

Pas de chance !

L'AUTEUR

Ainsi, vous vous disposiez à fuir?

LA REVUE

Eh bien! oui, j'en ai assez de votre théât

LE RÉGISSEUR

Elle ose l'avouer!

LA REVUE

Certainement. Autrefois j'étais en qua
actes et une infinité de tableaux. On fais
pour moi des frais énormes de décors et
costumes. Puis, on m'a mise en trois actes,
deux, et finalement en un. C'est dérisoire.
me raccourcit tous les jours.

L'AUTEUR

Eh! eh! tout le monde ne s'en plaint pas

LA REVUE

Et puis s'il faut absolument vous l'avou
apprenez que, cette année, je n'ai rien d
mon sac... ou presque rien.

L'AUTEUR

Nous allons bien voir... Cette malle (
contenir...

LE RÉGISSEUR

Oui, visitons sa malle.

LA REVUE

Allez, fouillez, mes amis; vous n'y trouverez pas grand'chose.

L'AUTEUR

En effet, elle est presque vide.

LE RÉGISSEUR

Quelques costumes... (*Tout à coup*) Ah !

LA REVUE

Quoi?

LE RÉGISSEUR

Un joujou... (*Il fait aller un cri-cri*).

LA REVUE ET LE RÉGISSEUR (*se bouchant les oreilles*).

Taisez-vous !

L'AUTEUR (*consterné*).

Vide !... vide !... ce ne sont pourtant pas les événements qui ont manqué cette année.

LA REVUE

Non, mais ces événements-là on ne me laisserait pas en dire un mot.

L'AUTEUR

Crois-tu ?

LE RÉGISSEUR

En es-tu bien sûre?

LA REVUE

Ah ! si j'en suis sûre !

Air : *Halte-là !*

Que demain
Mon refrain
Vise un ridicule,
Un passant, dès le début,
Me dira : Ça brûle,
Chut !

L'AUTEUR

On n'sait pas !
Parle bas,
Mais va tout de même,
On souffrira tes ébats ;
Tu sais comme on t'aime,
Bah !

LA REVUE

Si mon chant
Va cherchant
Un' rime à.... phosphore,
Dites, me laissera-t-on
Prendre le Bosphore ?
Non !

LE RÉGISSEUR

On n'sait pas
Parle bas,
Mais va tout de même ;
On souffrira tes ébats,
Tu sais comme on t'aime,
Bah !

LA REVUE

Je voudrais
D'un congrès
Parler à voix douce ;
Mais c'est comme un fait exprès.....
(*Montrant quelqu'un dans la salle*).
Monsieur se courrouce,
Paix !

L'AUTEUR ET LE RÉGISSEUR

On n'sait pas, etc.

L'AUTEUR

Et c'est pour cela que tu veux passer à l'étranger ?

LA REVUE

Oui, on m'y laissera peut-être dire ce que je ne peux pas dire à Paris.

L'AUTEUR

Peut-être.... l'étranger a ses restrictions aussi... Voyons, notre Revue bien-aimée.... reste avec nous... Si tu ne veux pas, ou si tu ne peux pas parler du présent, tu nous parleras de l'avenir.... l'avenir ! notre espérance !

LA REVUE

Vous le voulez?

TOUS DEUX

Oui! oui!

L'AUTEUR

Air : *du Petit Faust.*

Quitte ce vilain costume ;
Sans plus de façon, reprends,
Selon l'ancienne coutume,
Celui qu'on voit tous les ans !

Le boulevard qui t'appelle
Se souvient de nos leçons ;
Viens ! c'est la terre éternelle
De l'amour et des chansons !

(*Ils la débarrassent de son manteau, et la Revue apparaît dans le costume traditionnel: jupe courte et pailletée.*)

LA REVUE

Voilà !

L'AUTEUR

C'est à merveille ! plus jolie que jamais !

LA REVUE

Mais j'y pense... je n'ai plus de compère ; celui sur lequel je comptais m'a précédée en Belgique, *savez-vous*.

L'AUTEUR

Bah ! le premier venu fera notre affaire... pourvu qu'il ait une tête.

LA REVUE

Vous en parlez bien à votre aise..

L'AUTEUR

Laissez-nous faire !

LE RÉGISSEUR

Attention ! j'aperçois un cabriolet de ce côté...

(*L'horizon s'est couvert. Éclairs et tonnerre. On entend un bruit de grelots du côté de la France.*)

L'AUTEUR

Un homme le conduit.

LE RÉGISSEUR

Il est seul.

L'AUTEUR

Et nous sommes quatre.

LE DOMESTIQUE

Ah ! mais non... ah ! mais non, je n'en suis pas... quelle aventure ! j'en avais le pressentiment.

LE RÉGISSEUR.

En avant, la scène du courrier de Lyon !....

(*L'auteur et le régisseur mettent des masques.*)

SCÈNE IV

Les mêmes, BEAUDUVET

(*Entrée en cabriolet. L'auteur et le régisseur se jettent à la tête du cheval.*)

L'AUTEUR ET LE RÉGISSEUR

Arrêtez ! (*Ils tirent des coups de pistolet en l'air et font descendre Beauduvet.*)

BEAUDUVET

Qu'est-ce qu'il y a? qu'est-ce que c'est?
Bons brigands, ne me faites pas de mal !

L'AUTEUR

C'est la tête qu'il nous faut !

LE RÉGISSEUR

Voilà notre homme... (*à la Revue*) Qu'en dites-vous ?

LA REVUE

Il me va... Lui ou un autre... pourvu qu'il soit laid.

L'AUTEUR, *à Beauduvet.*

Qui es-tu ? Réponds?

BEAUDUVET

Je m'appelle Beauduvet... je suis de Valenciennes, j'allais dîner chez mon ami Berg-op-Zom, qui demeure là-bas... sur le coteau... sur le coteau.

L'AUTEUR

Beauduvet... un excellent nom.

BEAUDUVET

Je n'ai pas grand'chose sur moi... une quinzaine de francs... et des centimes... beaucoup de centimes ; ils sont à vous... (*Il fouille dans ses poches.*)

LE DOMESTIQUE

Tu te trompes, Beauduvet.

BEAUDUVET

Plaît-il?

L'AUTEUR

Nous ne sommes pas des voleurs.

BEAUDUVET

Vous n'êtes pas des... mais alors qui êtes-vous? Pourquoi m'arrêtez-vous? C'est donc une vengeance... Ah! j'y suis... Une affaire de femme... Messieurs, je n'ai rien dans mon passé qui justifie cette violence... Fouillez dans mon passé... vous n'y trouverez pas de femme... je vous le jure... pas la plus petite femme !

L'AUTEUR

La preuve que nous ne sommes pas des voleurs, c'est que nous t'offrons de l'argent... autant que tu en voudras.

BEAUDUVET

De l'argent... des gens masqués.... on n'a pas idée de ça en province... Mon étonnement ne connaît pas de limites. Expliquez-vous.

L'AUTEUR (*ôtant son masque*).

Nous cherchons un compère.

BEAUDUVET

Un compère... il fallait donc le dire tout de suite... Un compère pour un baptême... Je consens... Berg-op-Zom attendra...

L'AUTEUR

Non, un compère pour une revue...

LA REVUE

Une revue de théâtre, innocent.

BEAUDUVET

Ah! une femme... je suis sauvé... Ce costume qui serait transparent, si on y voyait clair... Je comprends. (*Il se tape le front.*) Un compère... Imbécile! Un compère de théâtre... (*Il rit convulsivement.*) Ah! mais non! non! jamais de la vie! moi, Beauduvet, Beauduvet de Valenciennes monter sur des planches, sur des tréteaux, faire la parade... moi, un pitre! avec un papillon derrière la tête! moi faire des calembours! une queue-rouge! jamais!

jamais! O mes aïeux! ô les Beauduvet du quatorzième siècle! Tout excepté cela! pas cela, messieurs! Messieurs, vous voyez, je me roule à vos pieds, comme dans les drames! pas cela!

L'AUTEUR

Alors remasquons-nous! Tu refuses... feu! (*Ils braquent leurs revolvers sur Beauduvet.*)

BEAUDUVET

Arrêtez... ne jouez pas avec ces ustensiles... On en a vu partir qui étaient chargés... Ah! messieurs, vous êtes sans pitié, sur ma parole...

LE RÉGISSEUR

Voyons, décide-toi! (*Même jeu.*)

BEAUDUVET

Eh bien! je consens... mais à une condition.

L'AUTEUR ET LE RÉGISSEUR

Laquelle?

BEAUDUVET

C'est qu'il n'y aura pas de scène dans la salle... Messieurs, au nom de ce qui vous est le plus cher, pas de scène dans la salle!

L'AUTEUR AU RÉGISSEUR

Hein ?

LE RÉGISSEUR

Diable !

L'AUTEUR

Allons, soit. Mais que tes successeurs ne s'y habituent pas... Et maintenant vite à nos rôles ! (*Ils s'éloignent rapidement.*)

BEAUDUVET

Ah bah ! comme cela ! tout de suite ?... On n'a pas idée de cela en province !

LE DOMESTIQUE

Un changement à vue ! j'en avais le pressentiment. (*Il sort.*)

(*Changement à vue.*)

DEUXIÈME TABLEAU

(L'avenue de l'Opéra; l'Opéra au fond; des passants allant et venant.)

SCÈNE Ire

LA REVUE, BEAUDUVET; *puis* UN MONSIEUR *et* UNE DAME

LA REVUE

A présent, retourne-toi, et regarde.

BEAUDUVET

Non, je ne veux pas regarder; non, je ne veux pas me retourner.

LA REVUE

Pourquoi?...

BEAUDUVET

Parce que je n'ai pas besoin de me retourner pour savoir où nous sommes. Nous sommes sur la place publique. Tous les premiers actes des revues se passent sur la place publique.

LA REVUE

C'est vrai, mais...

BEAUDUVET

Or, il n'y a qu'une place publique pour les revues, il n'y en a qu'une, c'est la place du Château-d'Eau, la place du Château-d'Eau, avec des bouquetières, des bonnes d'enfants, un sapeur et un marchand de coco.

LA REVUE (*le forçant à se retourner*).
Mais regarde donc, obstiné.

BEAUDUVET

Ah! bah!... Ce n'est pas la place du Château-d'Eau! Ah!... Ah!... Qu'est-ce que c'est donc alors?...

LA REVUE

C'est l'avenue du nouvel Opéra.

BEAUDUVET

Mais elle n'est pas commencée, farceuse!... Tu anticipes.

LA REVUE

J'anticipe de deux ans seulement : ne m'as-tu pas dit que tu étais avide de nouveau?

BEAUDUVET

Oh! oui, du nouveau...

LA REVUE

Eh bien ! lève la tête. (*A ce moment, on aperçoit un monsieur qui enjambe par-dessus une fenêtre d'un deuxième étage, et s'assujettit à un sauveteur à spirale*).

BEAUDUVET

Ah ! mon Dieu ! le malheureux ! mais il va se tuer !... Au secours !

LA REVUE

Ne crains rien, et tais-toi...

UNE DAME (*paraît à la fenêtre derrière le monsieur*).

Hâtez-vous, Edgar, ou nous sommes perdus... J'entends mon mari qui monte l'escalier.

LE MONSIEUR

Il n'est encore qu'à l'entresol... Adieu, mon ange adoré !... adieu !...

LA DAME

Adieu !... mais dépêchez-vous !... (*Le monsieur se laisse glisser le long du sauveteur, et arrive mollement à terre.*)

LE MONSIEUR

Là...

BEAUDUVET

Ah! monsieur, que vous m'avez inspiré de craintes!...

LE MONSIEUR

Vous êtes trop bon, monsieur.

BEAUDUVET

Descendre ainsi par une fenêtre, au risque de vous rompre le cou.

LE MONSIEUR

Le danger n'existe pas avec le sauveteur à spirale.

BEAUDUVET

Ah! ce que vous avez là est un sauveteur.

LA REVUE

Tout le monde aujourd'hui en a un dans sa poche.

LE MONSIEUR

Rien de plus utile en cas d'incendie.

BEAUDUVET

En effet, c'est plus portatif qu'un pompier; mais je vois aussi que votre appareil peut servir dans plus d'un autre cas. Vous allez faire surgir toute une génération de Roméos.

LE MONSIEUR

C'est vrai.... (*Il prend Beauduvet par le bras et l'emmène dans un coin du devant de la scène.*)

BEAUDUVET

Vous voulez me chanter un couplet, vous !... Lâchez-moi !... (*Accord à l'orchestre.*)

LE MONSIEUR

Ce sera tout de suite fini.

BEAUDUVET

Lâchez-moi, ou je crie à la garde !

LE MONSIEUR

Quel mauvais caractère!... N'importe... Gardez-moi le secret, n'est-ce pas ?... (*Il montre la dame qui est revenue à la fenêtre, il lui envoie des baisers.*)

BEAUDUVET

Le secret ! Ah bien ! elle est bonne... je la trouve bonne... Qu'en dites-vous ?... (*Bruit au dehors.*) Du bruit...

LA REVUE

Regardons.

SCÈNE II

LA REVUE, BEAUDUVET, L'ANCIENNE REVUE (*habillée en folie, agitant une marotte*).

L'ANCIENNE REVUE

AIR *connu.*

J'arrive, j'arrive, j'arrive !
En m'acclamant, il faut que l'on me suive ;
J'arrive, j'arrive, j'arrive.....

BEAUDUVET (*cachant sa tête dans ses mains*).

Oh là ! oh là !...

LA REVUE (*interrompant l'ancienne Revue, et lui mettant la main sur l'épaule*).

Oh ! non ! non !

L'ANCIENNE REVUE

Quoi ?

LA REVUE

Il n'en faut plus !

L'ANCIENNE REVUE

Qu'est-ce que vous avez tous les deux ?... Est-ce l'air qui vous déplaît ?... Je peux en changer, ma petite chatte.

Air : *Ne raillez pas la garde citoyenne.*

Je viens de loin, j'accours des bords magiques
Où la folie a placé son séjour,
Où la gaîté dans ses élans bachiques
Sut réjouir et la ville et la cour.
Marotte en main.....

BEAUDUVET, *trépignant.*

Oh ! oh ! oh ! la marotte ! la marotte !

L'ANCIENNE REVUE

Il a mal aux dents, cela n'est pas possible.

LA REVUE

Assez, ma bonne amie, nous nous reconnaissons, vous êtes l'ancienne Revue.

L'ANCIENNE REVUE

Certainement.

BEAUDUVET

J'aime mieux retourner dîner chez Berg-op-Zom. (*Fausse sortie.*)

LA REVUE

Arrête ! (*A l'ancienne Revue.*) Voyez-vous, chère amie... comment vous dirai-je cela ? vous êtes un peu démodée, vous et votre marotte.

L'ANCIENNE REVUE

Il serait possible ?

LA REVUE

L'esprit a ses modes comme le vêtement... La mode d'aujourd'hui est peut-être plus ridicule que la mode d'hier... mais c'est la mode d'aujourd'hui.

L'ANCIENNE REVUE

Vous avez peut-être raison... n'importe, cela fait quelque chose quand on a régné si longtemps... Au moins laissez-moi vous faire mes adieux.

BEAUDUVET

C'est trop juste.

L'ANCIENNE REVUE

Air : *De la liberté des théâtres*.

Vous me regretterez un jour ;
J'étais accorte et bonne fille,
J'avais le regard qui pétille
J'avais la gaîté sans détour.
Je naquis sur l'ancien Parnasse
Dont se contentaient nos aïeux,
Et d'où maint poète de race
Chanta — comme chantaient les vieux !
Ma rime n'était pas très riche,

J'en conviens... on était distrait...
Aujourd'hui personne ne triche
Sur la rime — aux dépens du trait.
Mes parrains ont été Clairville,
Siraudin et les deux Cogniard,
Dont la verve toujours facile
Buvait au verre de Panard.
Auteurs nouveaux, je vous souhaite
Un verre aux semblables glouglous :
Appelez-moi dans ma retraite,
Je reviendrai boire avec vous.

(*Les deux Revues se serrent la main, et remontent la scène. Sortie de l'ancienne Revue.*)

BEAUDUVET.

Pauvre femme ! elle m'a ému. Tiens, elle a laissé tomber quelque chose.... un livre.

LA REVUE

Voyons... la *Clef du Caveau*... Je l'aurais parié.

BEAUDUVET

Il faut le lui rendre. (*Appelant au fond du théâtre.*) Eh ! madame, madame, vous avez perdu votre clef... Elle est déjà loin.

LA REVUE

Gardons-la ! Elle nous servira...

BEAUDUVET

Nous servir de la *Clef du Caveau*... C'est d'un rococo.

LA REVUE

Tu es un ingrat, Beauduvet.

AIR :

A la fois jovial et tendre,
Ce bon vieux recueil délaissé
Renferme comme une autre cendre
Tous les airs dont tu fus bercé.

Les chants ont leur première place
Dans la mémoire, près du cœur ;
Tout fuit, tout change, tout s'efface,
Hors un refrain triste ou moqueur.

La serinette des grand'mères,
Dont la note semble une toux,
Souvent sur les heures amères
Jette un son consolant et doux.

Et voilà pourquoi je vous aime,
O timbres naïfs du Caveau,
Où je me retrouve moi-même
Dans un amusant renouveau.

Caveau, disons plutôt bocage
Au galaut et facile accès;
Clef charmante, rouvrant la cage
Où gazouille l'esprit français !

BEAUDUVET

Chère madame, vous faites de moi tout ce que vous voulez... Je chanterai sur les airs de la *Clef du Caveau*. Êtes-vous contente ? (*Regardant dans la coulisse, et poussant un cri.*) Ah !

LA REVUE

Qu'est-ce que tu as ?

BEAUDUVET

J'aperçois un homme tout rouge qui se dirige par ici... J'entends rouge de figure... la figure n'a pas d'opinion... Il s'éponge le front... Le voilà !...

SCÈNE III

LA REVUE, BEAUDUVET, CLOCHE-PERCE

CLOCHE-PERCE (*bruyamment*).

Ah ! mes amis, mes chers amis... Que je suis content !... J'arrive de Dijon.

BEAUDUVET

Ça se voit.

CLOCHE-PERCE

Côte-d'Or.

BEAUDUVET (*se révoltant*).

Je le sais bien !... Dijon n'est pas dans les Pyrénées-Orientales.

CLOCHE-PERCE

Ah ! mes enfants ! Quelle ville ! Et quelle récolte cette année !...

LA REVUE

Ah ! nous aurons une récolte...

BEAUDUVET

De moutarde ?...

CLOCHE-PERCE

Eh ! non, de vin, de vin !... Ce que j'en ai bu, du nouveau et du vieux... vous ne vous l'imaginez pas.

BEAUDUVET

Mais si... En vous voyant, je me suis dit tout de suite : voici un monsieur qui ne sort pas d'une société de tempérance.

CLOCHE-PERCE

Ce n'est pas mon affaire... J'arrive de Dijon, où nous avons fêté pendant trois jours le centenaire de Rameau.

BEAUDUVET

Rameau... Un musicien fameux ! l'auteur de l'opéra de *Dardanus* ?...

CLOCHE-PERCE

Dardanus... je ne sais pas... mais quelle séve !... quel parfum !... du Beaune, du Volnay, du Pomard, du Chambertin... le Chambertin surtout...

BEAUDUVET

Je ne serais pas fâché de connaître votre opinion sur Rameau !

CLOCHE-PERCE

Moi !... cela m'est bien égal !

BEAUDUVET

Seriez-vous assez aimable pour m'en chanter un petit air ?

CLOCHE-PERCE

Un air de quoi ?... Un air de qui ?...

BEAUDUVET

Un air de Rameau... puisque c'est de Rameau qu'il s'agit.

CLOCHE-PERCE

Mais il ne s'agit pas de Rameau... Il s'agit de son centenaire... c'est bien différent.

LA REVUE

N'insistez pas, Beauduvet, vous voyez bien que vous devenez indiscret. (A *Cloche-Perce*.) Monsieur, puisque vous revenez d'un centenaire qui a fait du bruit... vous devriez bien nous dire comment cela se passe...

CLOCHE-PERCE

Volontiers, madame... Un centenaire, voilà ce que c'est.

LA REVUE

Écoutons.

CLOCHE-PERCE

Air : *D'Une Nuit de la garde nationale.*

Dzing ! Boum !
Dzing, ba la boum ! boum ! boum !
Ba la boum ! dzing, dzing ! boum !
C'est la fanfare
Rare.

Le prix
Consiste en deux perdrix
Pour les plus aguerris.
Le trombone
Résonne.
Léon,
Notre chef d'orphéon,
Enfant d'Anacréon,
Par ses chœurs fait merveille.
Nul mieux que lui n'usa,
Malgré son coryza,
Des airs de Thérésa,
Pour charmer notre oreille,
Les pompiers
Aux barbes fantasques,
Et fiers de la tête aux pieds,
Font reluire au soleil leurs casques
Sur l'antique copiés.
La mairie,
Très fleurie,
Nous convie
A son banquet.
On s'accoste,
Chacun toste
Et riposte...
Vrai bouquet!
Je vois
Monté sur le pavois

Et grossissant sa voix,
Le Conseil qui s'embrasse :
Il boit à la localité,
A la fraternité
Tout ce qui rime en té...

(*Parlé.*) Ecoutez-les tous : Messieurs et chers collègues... Je bois à l'entente cordiale, à la destruction du phylloxera, à la mobilisation du capital... On boirait encore si le feu d'artifice n'avait fait entendre son signal... (*Il imite avec la bouche le bruit d'une fusée.*)

Pan ! pan !
Un long pétard rampant,
Jusqu'au ciel s'échappant,
Illumine la place.
Dans un brillant espace
　　On voit les maris
　　Soudainement surpris...
　　Alors ce sont des cris !
Vous me demanderez peut-être
A travers un tel tableau,
Dans cette agape champêtre
Ce qu'on pense de Rameau.
　　Je l'ignore,
　　Je déplore
　　Et dévore
　　Cet oubli ;

4.

Et la foule
Qui s'écoule
Se déroule
Vers son lit.
Chacun,
Dans un accord commun,
Vous dira que c'est un
Centenaire
Ordinaire ;
Je vous en donne le parfum
Et je signe : Quelqu'un
A coup sûr opportun.

Adieu, mes enfants, je m'en vais porter aux journaux un compte rendu du centenaire de Rameau.

(*Il sort en fredonnant l'air précédent.*)

SCÈNE IV

Les mêmes, *moins* CLOCHE-PERCE.

BEAUDUVET (*transporté*).

Boum ! dzing! la, la, boum! boum !... Ah !.. Rameau! ah ! les grands hommes... Il n'y a que cela... Mais à propos de grands hommes, ce serait bien le cas d'en placer un dans cette avenue.

LA REVUE

Tu vas être satisfait. (*Sur un tour de baguette, un piédestal sort de terre, orné d'attributs artistiques : lyre, lauriers, trompettes, couronnes, etc...*)

BEAUDUVET

Tiens, vous avez une baguette.

LA REVUE

Certainement.

BEAUDUVET

Je ne l'avais pas vue..., Je ne veux pas de baguettes... C'est le vieux jeu... J'ai fait mes conditions... Je retourne dîner chez Berg-op-Zom...

LA REVUE

Attends un peu... Tu as demandé une statue pour l'avenue de l'Opéra.

BEAUDUVET (*regardant*).

Eh bien ?...

LA REVUE

Eh bien ! Tu es servi...

BEAUDUVET

Je vois bien le piédestal, mais je ne vois pas la statue.

LA REVUE

Quelle impatience !... Elle est en route.

SCÈNE V

Les mêmes, LA COMÉDIE-FRANÇAISE, L'OPÉRA.

LA COMÉDIE-FRANÇAISE

Place à moi, place !...

L'OPÉRA

Place à moi! place !...

BEAUDUVET

Qui sont ces deux dames?

LA REVUE

Elles vont te le dire elles-mêmes, Beauduvet.

BEAUDUVET

D'abord, je ne veux pas que vous me tutoyiez... Ce n'est pas dans mes conditions.

LA COMÉDIE

Je suis la Comédie-Française.

L'OPÉRA

Je suis l'Académie (*elle éternue*).... ale de musique.

BEAUDUVET

Qu'est-ce qu'elle dit ?... Elle dit : ale de musique.

LA REVUE

C'est qu'elle est enrhumée.

LA COMÉDIE

Je viens faire valoir mes droits.

L'OPÉRA

Et moi les miens.

LA COMÉDIE

C'est un auteur dramatique qu'il faut sur ce piédestal.

L'OPÉRA

C'est un musicien.

LA REVUE (*essayant de les calmer*).
Mesdames, mesdames...

BEAUDUVET

Le fait est que le piédestal est juste entre elles deux...

LA REVUE

Le cas est embarrassant, en effet.

L'OPÉRA

L'avenue commence à l'Opéra...

LA COMÉDIE

L'avenue commence à la Comédie-Française.

BEAUDUVET

Cela dépend du côté où l'on se place... Mais, mesdames, quels sont 'es grands hommes que vous proposez ?

L'OPÉRA

Le mien, c'est Lulli.

BEAUDUVET

Ah ! ah !...

LA COMÉDIE

Le mien, c'est Corneille.

BEAUDUVET

Oh ! oh !

L'OPÉRA

Lulli est le fondateur de l'Opéra... c'est le père du chant.

BEAUDUVET (*cherchant*).

Le père Duchamp... le père Duchamp... Ah ! je confonds avec mon concierge.

LA COMÉDIE

Corneille est une de nos premières gloires dramatiques.

LA REVUE

Incontestablement ! mais où sont-ils tous les deux ?

L'OPÉRA ET LA COMÉDIE

Nous allons les faire venir... (*Elles font quelques pas chacune d'un côté opposé.*)

SCÈNE VI

Les mêmes, CORNEILLE, LULLI

CORNEILLE (*sortant à demi d'une boutique du premier plan au-dessus de laquelle on lit : Cordonnier*).

Attendez... attendez un instant, chère amie... je fais raccommoder mon soulier.

LULLI (*de l'autre côté, passant la tête à travers la fenêtre d'un entre-sol*).

Ze zouis à vi dans oune minute... ze zourveille la confectionne d'oun macaroni... et le macaroni, c'est moun fort... Patienza!...

BEAUDUVET

Voilà des grands hommes singulièrement occupés !

LA REVUE

Il faut tout passer au génie. (*Corneille sort, lisant sur des tablettes qu'il tient à la main.*)

BEAUDUVET

En voici un... il ne nous voit pas...

LA COMÉDIE

Tais-toi, c'est Corneille... Il relit des vers qu'il vient sans doute de composer.

LA REVUE

Écoutons.

CORNEILLE (*lisant*).

Marquise, si mon visage
A quelques traits un peu vieux,
Souvenez-vous qu'à mon âge
Vous ne vaudrez guère mieux.

Le temps aux plus belles choses
Aime à faire cet affront :
Il saura faner vos roses
Comme il a ridé mon front.

Cependant j'ai quelques charmes
Qui sont assez éclatants
Pour n'avoir pas trop d'alarmes
De ces ravages du temps.

Et dans la race nouvelle
Où j'aurai quelque crédit,
Vous ne passerez pour belle
Qu'autant que je l'aurai dit.

BEAUDUVET

Ce n'est pas mal... ce n'est pas mal... c'est facile... mais il y a de la fatuité... un peu trop de fatuité pour un vieux...

CORNEILLE

Que me voulez-vous ? vous m'avez appelé, je crois.

LA COMÉDIE

Oui, maître, il s'agit de monter sur ce piédestal qu'on vous a élevé devant l'emplacement de votre maison.

L'OPÉRA

Un instant ! voici Lulli pour qui je réclame.

LULLI (*arrivant rapidement*).

Oui, Loulli, le grand, l'incoumparable Loulli. l'ami de Louis XIV... le créateur de la mousique en France... Corneille, il vi a dit des vers ; ze vais vi dire de ma mousique à moi ! (*Il chante avec accompagnement d'orchestre un morceau de Pourceaugnac.*)

> Buon di, buon di, buon di !
> Non vi lasciarte uccidere
> Dal dolor malinconico, etc., etc...
> Buon di, buon di, buon di !

BEAUDUVET

Mais c'est de la musique à porter le diable en terre.

CORNEILLE

Du moment que l'on discute Corneille, Corneille se retire. (*Il sort.*)

LULLI

Z'aime mieux cela... A moi le piédestal !

LA REVUE (*à qui un passant est venu dire un mot à l'oreille*).

Attendez! j'apprends à l'instant qu'il n'y

aura pas de statue dans l'avenue. On se contentera d'un bec de gaz.

LA COMÉDIE ET L'OPÉRA

Oh !

LULLI

C'était bien la peine de venir m'arracer à mes divines méditatiouns... Per Baccho !... Ze retourne à mon macaroni.

BEAUDUVET

C'est cela ! Adieu, père Bacot.

LULLI

Non, Loulli.

BEAUDUVET

Loulli, ou père Bacot.... cela m'est égal : (*Lulli sort. — Éclats de rire au dehors.*)

SCÈNE VI

LA REVUE, BEAUDUVET, CHAUDETON, BIXIOU, CINQ OU SIX RAPINS (*portant des tableaux sous le bras*).

CHAUDETON (*dans la coulisse*).

A moi, mes camarades, voici le moment. *Entrée tumultueuse.*)

LA REVUE

Quels sont ces jolis petits bonshommes ?

CHAUDETON

Madame, nous sommes des peintres.

BEAUDUVET

C'est visible... Il faut, ma chère Revue, que vous soyez bien... revue, pour ne pas l'avoir deviné tout de suite à leurs chapeaux pointus... Tenez, un de mes parents a voulu être peintre. Eh bien! il a acheté tout de suite un chapeau pointu.

LA REVUE

Quels tableaux a-t-il produits, votre parent ?

BEAUDUVET

Il n'en a pas produit... L'odeur de l'huile l'incommodait... Il a préféré entrer dans l'Université; on l'a nommé bibliothécaire de l'Obélisque.

LES RAPINS

Ah! ah! ce monsieur !... Oh! c'te tête !...

BIXIOU

Laisse-moi, je veux le croquer.

LA REVUE

Avez-vous remporté cette année beaucoup

de prix à l'école de peinture, mes petits amis !

CHAUDETON

Des prix !... Qu'est-ce que c'est que ça ?...

BIXIOU

Des prix ! Il n'en faut plus. Pour qui nous prenez-vous ?... Nous sommes des peintres refusés.

BEAUDUVET

Refusés !... Ah ! mes pauvres enfants !... Refusés ! Comme je vous plains !...

CHAUDETON

Mais nous ne sommes pas à plaindre, au contraire !... Vous ne savez donc pas que toute la gloire et tout le succès sont aujourd'hui aux refusés !

BEAUDUVET

Ah ! bah ! Comme tout est changé !

LA REVUE

Tu voulais du nouveau... En voilà !

BEAUDUVET

Ah ! ça... dans quel genre travaillez-vous donc ?

COUCHER DE SOLEIL

Dans tous les genres, mon vieux

Air : *La petite Mariée*.

Moi, je suis fantaisiste !

VERMILLON

Moi, je suis prim'sautier !

JAUNE D'OCRE

Moi, je suis réaliste !

BLEU DE CIEL

Moi, je suis outrancier !

BIXIOU

Moi, Bixiou, je mérite
Qu'entre tous l'on me cite.

CHAUDETON

Le petit Chaudeton
De Raphaël est rejeton.

TOUS

Vous le voyez, eh bien°! tous tant que nous sommes
Nous rêvons un bel avenir !
Nous avons tout pour être de grands hommes....

LA REVUE

Excepté la taille, mais ça pourra venir.

TOUS

Oui, nous grandirons, nous serons de grands hommes
Nous sommes tous peintres d'avenir !

CHAUDETON

Et nous portons fièrement notre étendard, je vous le jure !...

BEAUDUVET

Je n'en doute pas, mes pauvres chéris, et je vous félicite d'autant plus de votre orgueil, que je ne le comprends pas... mais qu'est-ce que vous allez faire de vos tableaux refusés ?...

CHAUDETON

Tu vas voir ! Nous nous adressons directement au public. Nous exposons à notre propre compte... mais non pas timidement... non pas en chambre comme M. Manet.

BEAUDUVET

Mané... Thécel... Pharès ?

CHAUDETON

Nous, les jeunes, les vrais jeunes, nous exposons en plein vent... dans la rue... Allons, mes amis, exposons!

LES RAPINS

Exposons!... (*Ils accrochent leurs tableaux aux portes de l'avenue.*)

VERMILLON

C'est ça qui est crâne, hein!...

BEAUDUVET

C'est crâne... c'est crâne... c'est selon ce que vous exposez...

CHAUDETON

Lis notre livret, le voilà.

BEAUDUVET

Votre livret, je le veux bien... (*Lisant.*) N° 1... *Un fromage de Camembert poursuivi par un garde-champêtre*... Ah! ah! ce sujet n'avait pas encore été traité, en effet.

BIXIOU

Lis encore.

BEAUDUVET

« *Un papillon asphyxié par un hareng saur*... » Très ingénieux!... *La pipe de ma mère, scène de basse Normandie*. Je ferai acheter ce tableau par M. Dennery.

COUCHER DE SOLEIL

Continue.

BEAUDUVET

Jeune fille vue de dos, avec cette épigraphe :
— *A vous mon plus gracieux sourire!* »

VERMILLON

C'est de moi.

BEAUDUVET

C'est de toi!... si jeune, et déjà si impressionniste !

BIXIOU

Va toujours.

BEAUDUVET

Travail et vertu : Une paire de bas séchant sur une ficelle... Du sentiment, cela ne peut pas nuire... *Rêverie à la Grenouillère...* Mais vous ne faites donc pas de portraits ?

JAUNE D'OCRE

Si fait... Tourne la page... C'est même dans les portraits que nous excellons.

BEAUDUVET

Sont-ils bien ressemblants, au moins.

CHAUDETON

Allons donc ! la ressemblance, c'est bon

pour les peintres admis... Nous, les refusés, nous ne nous appliquons qu'à la ressemblance morale.

Tu ne comprends rien à la peinture, gros philistin.

BEAUDUVET

A la peinture, si... mais à votre peinture, pas encore... Et s'il faut vous dire mon avis, mon avis dépouillé d'artifice... sur votre exposition en plein vent... Eh bien !...

LES RAPINS

Eh bien !

BEAUDUVET

Air *de l'Artiste.*
L'idée est incongrue,
Et vous n'y pensez pas :
Des tableaux dans la rue,
Des croût's à chaque pas !

LES RAPINS (*indignés*).

Oh !

BEAUDUVET

Renoncez, je vous prie,
A ce projet butor.

LES RAPINS

Pourquoi ?

BEAUDUVET

A la boulangerie
Vous allez faire tort !

COUCHER DE SOLEIL

Fi ! la vilaine bête !... Tenez, vous n'êtes pas digne d'admirer nos chefs-d'œuvre... et nous les remportons.

BEAUDUVET

J'aime mieux cela !

LA REVUE

Bon voyage !

ENSEMBLE

AIR :

LES RAPINS

Ces gens-là sont ignares,
Allons chercher ailleurs
Pour nos chefs-d'œuvre rares,
De meilleurs
Connaisseurs

SCÈNE VII

LA REVUE, BEAUDUVET, MÉLICOQ, *puis* MADAME MÉLICOQ

MÉLICOQ (*entrant et se parlant à lui-même. Il est habillé en vieux beau.*)

C'était ici... et c'était là... non... un peu plus sur la droite.

BEAUDUVET

Voilà un monsieur qui paraît avoir perdu quelque chose.

MÉLICOQ (*comme sortant d'un rêve*).

Perdu... oui, monsieur, j'ai perdu ce que j'avais de plus cher au monde... mon vieux quartier... Ah! monsieur, c'était un quartier sans pareil, peuplé de souvenirs patriotiques... Mais pardon... vous n'êtes peut-être pas chauvin?

BEAUDUVET (*se rebiffant*).

Mais si, je suis chauvin... qui est-ce qui vous fait croire que je ne suis pas chauvin?

MÉLICOQ

Excusez-moi... Alors vous devez me comprendre... Plus loin, en descendant, c'était le restaurant Pestel... Ah ! les bonnes parties qu'on y faisait !

MADAME MÉLICOQ (*survenant. Toilette très moderne.*)

J'en étais sûre !... Mon mari !... Et toujours au même endroit... Ah ! quel homme incorrigible !

MÉLICOQ (*à la Revue et Beauduvet*).

C'est ma femme... ne faites pas attention. (*Il reste comme en extase devant des choses invisibles.*)

MADAME MÉLICOQ

Figurez-vous, madame et monsieur, que mon mari, M. Mélicoq, que j'ai l'honneur de vous présenter, s'échappe régulièrement tous les matins du domicile conjugal pour venir faire le Jérémie dans cette avenue... Si je ne le connaissais pas aussi bien, ce serait à croire que monsieur y a des habitudes.

BEAUDUVET

Madame, les habitudes sont des secondes natures.

MÉLICOQ

Quoi de plus simple ? J'ai passé soixante ans de ma vie sur la butte des Moulins... Je suis né dans la maison où mon père est né... Puis-je me défendre d'un légitime attendrissement ?

MADAME MÉLICOQ

Ah ! oui, votre maison, notre maison, parlons-en, je vous y engage... Une masure qui s'en allait en poussière... et dont le plafond a failli une nuit nous tomber sur le dos, vous en souvenez-vous, monsieur Mélicoq ?

MÉLICOQ

Je l'ai oublié, chère amie.

MADAME MÉLICOQ

Ah ça ! vous n'avez donc rien de mieux à faire qu'à soupirer après de vieilles murailles disparues !... Si je vous avais connu ce genre de dépravation, je ne vous aurais pas épousé en secondes noces !

MÉLICOQ

Clotilde, vous allez trop loin !

LA REVUE ET BEAUDUVET

Calmez-vous, madame.

MADAME MÉLICOQ

Que voulez-vous, madame, c'est son sang-froid qui m'exaspère... Enfin, explique-toi, Mélicoq.

AIR : *de la Lettre de l'étudiant* (Nadaud).

Sois un homme de ton époque,
Monsieur Denis a fait son temps ;
Laisse là taudis et bicoque
Pour des lambris moins attristants.

MÉLICOQ

C'est plus fort que moi : je regrette
Les constructions d'autrefois.
O mes pignons à girouette !
O mes bons escaliers de bois !

MADAME MÉLICOQ

Mais ces escaliers d'un autre âge
Pourrissaient sous leur lourd fardeau
Usés par l'éternel voyage
Des Auvergnats montant de l'eau.

MÉLICOQ

Que de plaisirs de toutes sortes
Dans ce quartier peu fréquenté !
On y causait devant les portes,
En famille, les soirs d'été.

MADAME MÉLICOQ

Mais ces ruelles pittoresques
Manquaient d'air en toute saison ;
C'est très joli, les arabesques,
Mais c'est horrible, le poison !

MÉLICOQ

Dans ce coin dont j'étais le maître !
Où les choses semblaient m'aimer,
J'aurais vécu cent ans peut-être !
Ailleurs rien ne peut me charmer.

MADAME MÉLICOQ

N'importe, tentons-en l'épreuve ;
Allons habiter au grand jour,
Et puisque Paris fait peau neuve,
Viens faire peau neuve à ton tour !

LA REVUE

Voilà ce qui s'appelle parler ; bravo! madame, vous avez plaidé chaleureusement la cause du progrès.

BEAUDUVET (*à Mélicoq*).

Vous ne pouvez pas résister plus longtemps.

MADAME MÉLICOQ

Justement, j'aperçois l'écriteau d'un appartement à louer dans cette belle maison... Le gaz et l'eau à tous les étages... Voilà qui enfonce tes charabias à quatre sous par jour... Entrons-y, monsieur Mélicoq... vous aurez la consolation d'être encore sur l'emplacement de votre chère butte des Moulins.

MÉLICOQ

Tu le veux... soit... mais en vérité, rien ne vaudra pour moi l'ancienne rue des Orties!

MADAME MÉLICOQ

Venez, monsieur Mélicoq... Madame et monsieur, au revoir. (*Ils entrent dans un magasin de l'avenue.*)

SCÈNE VIII

LA REVUE, BEAUDUVET, UN RECENSEUR

UN RECENSEUR (*voyant monsieur et madame Mélicoq entrer dans la maison, et s'adressant à Beauduvet, très vite*).

Connaissez-vous cet homme mûr? oui, n'est-ce pas... Son nom ?... mettons Corniflard... (*Il écrit.*) Jules... il doit s'appeler Jules... quel âge ?.... 60 ans, au moins... quel métier ? ah ! fabricant d'œils de poupée... et vous, vous monsieur, votre nom ?

BEAUDUVET

Mais...

LE RECENSEUR

Vous devez vous appeler Joseph.

BEAUDUVET

Pardon, je...

LE RECENSEUR

Je n'ai pas le temps... Je suis recenseur... J'ai 11,000 personnes à voir par jour. Répondez, votre nom de famille?

BEAUDUVET

Beauduvet.

LE RECENSEUR

Beauplumet, très bien, votre âge, 55 ans... vous êtes né... à Pontoise, département de l'Oise... Êtes-vous marié ?... Oui vous devez l'être... Avez-vous des enfants ?

BEAUDUVET

Des enfants...

LE RECENSEUR

Vous êtes marié... vous devez en avoir... je note onze enfants.

BEAUDUVET

Je proteste.

LE RECENSEUR

Votre métier... fabricant d'échos pour maison de campagne. (*A la Revue.*) Et vous, madame, dépêchons... Je suis pressé... votre nom... Amanda... votre âge, 18 ans... Je vous rajeunis pour vous faire plaisir... vous êtes née à Paris, ça se voit à votre tournure modeste... Vernisseuse de faux-cols en papier... J'ai bien l'honneur de vous saluer... (*Fausse sortie.*)

BEAUDUVET

Il est... à mécanique.

LE RECENSEUR (*revenant*).

Ah! j'oubliais, Joseph... vous n'avez jamais fait de prison?

BEAUDUVET

Voulez-vous vous sauver...(*Le Recenseur se sauve.*) Eh bien! que dites-vous de cela, ma chère Revue?

LA REVUE

AIR : *Les anguilles, les jeunes filles.*

Je dis que nos Parisiennes
Avec ces messieurs vont compter :
Que de dizaines, de douzaines,
On va les voir escamoter !
En ouvrant son nouveau contrôle,
Demain la France s'écriera :
Je ne savais pas, ma parole,
Être aussi jeune que cela !

(*On entend comme un roulement de tonnerre au fond du théâtre.*)

SCÈNE IX

LA REVUE, BEAUDUVET, UN CONDUCTEUR DE TRAMWAY, M. et MADAME MENEHOULD.

BEAUDUVET

Ah! mon Dieu! quel vacarme! (*Un tramway à vapeur fait une entrée tapageuse précédée de sa locomotive sifflante. On voit des voyageurs aux portières ; le conducteur est sur le marchepied.*)

LA REVUE

Tu veux être étonné, Beauduvet, et tu t'effares à chaque nouveauté.

BEAUDUVET

Qu'est-ce que ce Léviathan ?

LA REVUE

C'est le nouveau tramway inexplosible et en gomme élastique... s'élargissant ou se rétrécissant selon le nombre des voyageurs.

BEAUDUVET

Pas possible!... Mais pourquoi s'arrête-t-il?

LA REVUE

Parce que c'est le tramway commissionnaire... qui transporte les colis à domicile.

BEAUDUVET

En effet, le commissionnaire descend de son marchepied... il vient de ce côté.

LE CONDUCTEUR (*frappant à un magasin*).

N° 14, M. Menehould, charcutier.

MENEHOULD (*suivi de sa femme*).

Menehould, c'est moi.

LE CONDUCTEUR

Vous en avez bien l'air. Voici un colis à votre adresse. (*Il lui remet une bourriche.*)

MENEHOULD

Merci, conducteur, c'est sans doute la bourriche d'huîtres que j'attends... Euphrasie, regarde, comme elle est pesante... Elle sent l'Océan à plein nez.

LE CONDUCTEUR

C'est six sous pour le transport.

MENEHOULD

Six sous!... Mais c'est pour rien... Les voici de grand cœur. Conducteur, n'entrez-vous pas prendre quelque chose dans mon magasin? Une tournée de saucisson.

LE CONDUCTEUR

Volontiers, bourgeois! (*Il entre dans la boutique; vociférations dans le tramway. — Un monsieur paraît sur le marchepied.*)

LE MONSIEUR

Ah ça! conducteur, nous sommes pressés!... Conducteur, c'est la huitième fois que vous vous arrêtez depuis un quart d'heure ! Eh bien, mais où est-il donc le conducteur ?

LES VOYAGEURS DU TRAMWAY (*criant*).

Conducteur! conducteur!

LE CONDUCTEUR (*sortant du magasin en s'essuyant la bouche*).

Voilà, mes agneaux! voilà! Ne faisons pas les méchants. Vous faites partie du tramway commissionnaire. C'est à prendre ou à laisser. A revoir, Menehould!... (*Il serre la main du charcutier.*) A la vie, à la mort !... (*Il se di-*

rige vers le tramway.) Cocher, roulez... *(Le tramway s'éloigne.)*

BEAUDUVET

A la bonne heure! Voilà une invention utile!

LA REVUE

Excepté pour les voyageurs.

BEAUDUVET

On ne peut contenter tout le monde et son père, a dit notre inimitable fabuliste... mais Menehould revient !... Menehould a l'air troublé.

LA REVUE

Silence!

MENEHOULD *(tenant la bourriche, et suivi d'Euphrasie).*

Qu'est-ce que c'est que ça? On s'est trompé! Conducteur!... conducteur!

BEAUDUVET

Qu'avez-vous, Menehould?

MENEHOULD

Ce n'est pas la bourriche d'huîtres que j'attendais...

LA REVUE

Qu'est-ce que c'est donc?

MENEHOULD

C'est un enfant!... (*La tête de l'enfant émerge de la paille et pousse des vagissements.*)

TOUS

Un enfant!

LE CHARCUTIER

Mystère et jambonneau! Il y a erreur!... Il y a erreur! (*A Beauduvet.*) C'est peut-être pour vous, monsieur?

BEAUDUVET

Horreur!

MENEHOULD *à la Revue*).

Ou pour vous, madame.

LA REVUE (*en riant*).

Non, mon ami.

MADAME MENEHOULD

Montre-le moi, Menehould. Pauvre bijou!... (*Elle l'embrasse, et recule un peu la tête.*) Tu disais qu'il sentait l'Océan.

MENEHOULD

Je disais... je disais... Qu'est-ce que nous allons faire de ce môme?... (*L'enfant crie.*) Allons, il crie à présent. C'est qu'il n est pas laid, vraiment !

MADAME MENEHOULD

Il a ton nez, Hector.

MENEHOULD

Tu crois ! Eh bien, Euphrasie ?

MADAME MENEHOULD

Eh bien, mon ami, tu te plaignais l'autre jour que le ciel n'avait pas béni notre union... malgré ma bonne volonté...

MENEHOULD

Euphrasie, je crois te comprendre.

Air :

Cet enfant, au ciel qui l'envoie
Par un refus répondrons-nous ?
Non... Il deviendra notre joie ;
Il ne nous coûte que six sous ;
C'est un enfant qui n'coûte que six sous,

MADAME MENEHOULD

Mais cet enfant grandira, j'imagine ;
Dans quel état alors le mettrons-nous ?

MENEHOULD

Dans le plus beau, le plus noble de tous :
Nous l'mettrons dans la galantine !

MADAME MENEHOULD

Menehould ! tu as le cœur d'un ange.

MENEHOULD

Euphrasie !... sur mon sein. Et vivent les tramways-commissionnaires ! (*Ils rentrent en couvrant l'enfant de baisers.*)

LA REVUE

Beauduvet, voilà de braves gens.

BEAUDUVET

Ne m'en parlez pas... j'en suis tout attendri.

LA REVUE

Et dire qu'à Paris ils sont des centaines prêts à faire la même chose !

(*L'orchestre fait entendre quelques morceaux de la Marche turque de Mozart.*)

SCÈNE X.

LA REVUE, BEAUDUVET, ROXELANE, FATMÉ, ZULMA, ZÉTULBÉ (*en costume oriental, portant un petit paquet à la main*).

ROXELANE
Par ici, mesdames, par ici...

LES AUTRES
Nous vous suivons.

BEAUDUVET
D'où sortent ces timbres argentins ?

LA REVUE
Ce sont des odalisques, si je ne me trompe.

ROXELANE
Hélas ! des odalisques sans ouvrage, madame !

BEAUDUVET
O bonheur ! Je vais donc voir des odalisques sans risquer ma tête. Mesdames, je suis votre esclave... Est-ce bien comme cela qu'on dit... là-bas ?

ZULMA

Parfaitement. Vous êtes digne de figurer dans un sérail.

BEAUDUVET

Digne... digne... Permettez... Je ne voudrais pas être de mauvais goût... mais je ne me crois pas tout à fait digne... (*Il cherche à leur prendre la taille.*) ô Fatmé! ô Zulma! ô Roxelane!..

ROXELANE

A bas les pattes !

BEAUDUVET

Voilà une expression qui me gâte l'Orient.

FATMÉ

Madame, pourriez-vous m'indiquer le Grand-Hôtel, je vous prie.

LA REVUE

Volontiers... c'est à quelques pas d'ici.

BEAUDUVET

Le Grand-Hôtel... rien que cela... Nos odalisques de Paris se contentent de petits hôtels.

LA REVUE

Mesdames, vous allez me trouver bien indiscrète... mais je m'étonne de votre présence dans notre capitale.

ROXELANE

Nous nous sommes évadées.

LA REVUE

Et pourquoi, s'il vous plaît?

ROXELANE

Par vertu.

BEAUDUVET

Des odalisques vertueuses... Les récits des voyageurs affirment pourtant... Comme on écrit l'histoire !

LA REVUE

Expliquez-vous?

ROXELANE

Eh bien! madame, sachez que nous étions bien heureuses au sérail... oh ! bien heureuses!

TOUTES

Bien heureuses !

ROXELANE

On nous comblait de présents... On nous nourrissait de confitures de roses.

ZULMA

De pastilles de roses.

FATMÉ

De biftecks de roses!

ZÉTULBÉ

Notre maître était un bon maître. Il nous trouvait du montant.

BEAUDUVET

Je le crois bien!... Et moi donc!

Air : *de l'Apothicaire*.

Votre mérite est éclatant,
Et mon respectueux hommage
Rend justice à votre montant,
Pour me servir de cette image.
Mais hélas! les beaux jours ont fui!
Vous n'opérez plus de miracle ;
Voir monter le Turc aujourd'hui
Serait un étonnant spectacle!

ROXELANE.

Bref, notre sublime maître était un maître excellent; par malheur, depuis quelque temps ce n'était jamais le même...

BEAUDUVET

C'est comme le pompier des coulisses, alors... Et que faisiez-vous pour lui plaire ?

ROXELANE

Je lui chantais la *Legende du Pacha*.

BEAUDUVET

Voulez-vous me la faire entendre ?

ROXELANE

Volontiers.

Air : *de M. Ben Tayoux*.

I

D'un pacha mal habile
Ecoutez les ennuis :
C'est un conte des Mille,
Des Mille et une Nuits.
Il avait su déplaire
Au génie Ali-Bou,
Lequel dans sa colère
De lui fit un matou.

CHŒUR

Au chat ! au chat !
C'est un pacha !

II

Depuis cette aventure,
Dans son beau palais blanc,
On vit ce pauvre *turc*
Errer en miaulant,
Le cœur tout plein de flammes,
Sur les toits, maigre et nu,
De ses quinze cents femmes
N'étant plus reconnu.

CHŒUR

Au chat ! au chat !
C'est un pacha !

III

Malgré sa triste échine,
Il était guetté par
Le chef de la cuisine,
El-Kibir-Iftikar.
Cet homm', dit l'anecdote,
Soudain sur lui fondant,
Le mit en gibelotte,
Un soir de Rhamadan.

CHŒUR

Au chat ! au chat !
C'est un pacha !

LA REVUE

Eh! quoi, mesdames, vous avez pu sortir sans danger du sérail?

ZULMA

Nous avons été favorisées dans notre fuite par le chef des eunuques, le grand Munici.....

BEAUDUVET

Pal.

FATMÉ

Pal, si vous voulez... Et nous voilà, cherchant un refuge à Paris. C'est pourquoi nous vous avons demandé l'adresse du Grand-Hôtel.

BEAUDUVET

Je vais me faire un plaisir de vous y conduire, à l'autel... (*Il leur offre son bras.*) C'est un mot... remerciez-moi, et appelez-moi bel Européen...

LA REVUE

Beauduvet! Eh bien! Beauduvet!. à quoi pensez-vous?

BEAUDUVET

C'est vrai!... mes odalisques, je suis forcé... forcé par un traité... de vous lâcher... Je vous lâche momentanément. ô Allah! pardonne-moi,

Roxelane, nous nous reverrons ! je t'écrirai...
Le Grand-Hôtel !... tout droit devant vous...
par là... Ah ! ces houris !...

LA REVUE

Mais je ne peux plus tenir ce compère...
Beauduvet, Beauduvet...

BEAUDUVET

Quoi ?... (*Il fait des signes aux odalisques avec son mouchoir; puis le regardant.*) Hélas ! pas de croissant...

LA REVUE

Beauduvet !...

BEAUDUVET

S'il vous plaît ?

LA REVUE

Tu n'entends pas ce bruit...

BEAUDUVET

Si fait !

SCÈNE XI

Les mêmes. SIX AMOURS *battant du tambour, conduits par un tambour-major; une trentaine de personnages aux costumes va-*

riés; des jeunes filles portant des bannières sur lesquelles on lit: Croissez et multipliez! — A l'ami Fritz; choucroûte et repeuplement!

CHŒUR

Air :
Rataplan !
Rataplan !
Rataplan !

LE TAMBOUR MAJOR (*dépliant un papier*).

Habitants et habitantes, les présents raflafla ont pour objet de vous faire assavoir que d'après les journaux et autres papiers publics, la population est en train... est en train de diminuer journellement et sensiblement; un roulement! (*Un roulement.*) C'est pourquoi, habitants et habitantes, le régiment des amours dont je suis subséquemment le représentant le plus important, a jugé urgent de faire battre le rappel dans tous les quartiers, afin d'enrôler des amoureux de bonne volonté sous les bannières du comité de repeuplement.

TOUS

Vive l'amour !

LE TAMBOUR-MAJOR

Air : *de M. Ben Tayoux.*

Les Amours (bis), c'est un régiment,
Les Amours (bis), c'est un régiment,
C'est un régiment admirable,
Et de plus fort considérable ;
Il est classé depuis longtemps
Parmi les jolis régiments.

Refrain en chœur

1er COUPLET

1er *Amour*

Moi, je suis l'Amour qui préside
Aux jeunes et folles amours !

2e *Amour*

Moi, je suis l'Amour qui réside
Dans le souvenir des beaux jours.

3e *Amour*

Moi, je suis l'Amour qu'on provoque
Avec diamants et bijoux.

4e *Amour*

Moi, je suis l'Amour qu'on évoque
Avec de tendres billets doux.

(*Refrain en chœur.*)

Les Amours (bis), c'est un régiment, etc.
Etc. etc.

2ᵉ COUPLET

5ᵉ *Amour.*

Je suis l'Amour qui sous le masque
Fait jaillir de joyeux refrains.

6ᵉ *Amour.*

Je suis l'Amour leste et fantasque
Qui se couronne de raisins.

LE TAMBOUR MAJOR

Et nous allons, troupes gentilles,
Disant au son de nos tambours :
Réveillez-vous; garçons et filles,
Voilà la troupe des Amours !

Refrain.

Les Amours (bis), c'est un régiment, etc.

FIN DU PREMIER ACTE

Acte second

ACTE II

Un grand salon élégamment décoré ouvrant sur un jardin.

SCÈNE PREMIÈRE

FRONTIN (*arrivant du fond, portant un plateau contenant un grand nombre de lettres.*)

J'ai l'air et le vêtement d'un domestique, mais je ne suis pas un domestique. Je suis un jeune homme d'excellente famille... noblesse de robe... Permettez-moi de vous taire mon nom. Pour le moment, je m'appelle Frontin ; c'est coquet, n'est-ce pas ? cette livrée m'a servi à m'introduire chez le docteur César.... le célèbre docteur César... afin de surprendre les secrets de sa profession. Entendons-nous, ce n'est pas la médecine que je veux apprendre. Pouah ! Fi ! Le docteur César n'est pas un docteur comme les autres. Il n'exerce que dans un certain milieu, le milieu des théâtres, dont je raffole. Oh ! les théâtres !

SCÈNE II

FRONTIN, CRÈVECŒUR (*costume de commissionnaire ; il porte sur ses crochets une montagne de manuscrits*).

CRÈVECŒUR

Pardon !.. excuse... c'est-il ici, M. le docteur César ?

FRONTIN

Oui, mon brave !

CRÈVECŒUR

Ouf !... que c'est pesant... aidez-moi à me débarrasser... Là... merci !

FRONTIN

Qu'est-ce que c'est donc que cela ? Ah ! mon Dieu ! des manuscrits ! encore des manuscrits ! Nous ne saurons bientôt plus où les fourrer.

Vous devez avoir fièrement chaud, mon ami... Voulez-vous vous rafraîchir? Tenez, l'office est par là; on vous donnera un bon verre de vin.

CRÈVECŒUR (*imitation de M. Dumaine*).

Non, pas de vin... de l'eau-de-vie... L'eau-de-vie, ça endort... ça engourdit... ça fait oublier.

FRONTIN

Ah! bah! mais je vous reconnais, vous, vous êtes Crévecœur, dit l'*Abruti*, Crévecœur des *Bohémiens de Paris.*

CRÈVECŒUR

Crévecœur... non... Jérôme Hubert.

FRONTIN

Jérôme Hubert ou Crèvecœur... ça m'est égal... Ah! vous pouvez vous vanter d'être un joli soiffard. Allez, mon ami, allez... J'aperçois le docteur qui vient par ici... On vous donnera ce que vous voudrez à la cuisine.

CRÈVECŒUR

Oui... de l'eau-de-vie... de l'eau-de-vie... pour oublier... oublier Marie Hubert. (*Il sort poussé par Frontin.*)

SCÈNE III

FRONTIN, LE DOCTEUR CÉSAR. (*Il est enveloppé dans une robe de chambre ; il tient à la main un bocal qu'il examine avec attention.*)

LE DOCTEUR (*sans voir Frontin*).

Ce dénouement n'est pas encore arrivé à point ; attendons quelques jours. (*Se présentant lui-même au public.*) Je suis le docteur César, le célèbre docteur César qui a institué un cabinet de consultations dramatiques ouvert tous les jours de trois à cinq heures. Je prends les comédies en sevrage, je soigne les drames atteints de rachitisme, je fais de l'orthopédie appliquée aux déviations des situations et aux difformités du style, je me charge aussi des traitements par correspondance... Ah ! c'est toi, Frontin, je ne te voyais pas mon garçon. Mes lettres sont-elles arrivées ?

FRONTIN

Oui, monsieur, les voici.

LE DOCTEUR (*s'asseyant près de la table et décachetant les lettres*).

Très bien. Oh ! oh ! la Russie a beaucoup

donné aujourd'hui... les grands seigneurs russes ont des loisirs, à ce qu'il paraît.. On me propose plusieurs grands drames exubérants de couleur locale... les Ostrogoff... les Boule de Cheff... les Serinski... une véritable invasion... Comprends-tu quelque chose à cela, toi, Frontin?

FRONTIN

Je comprends, monsieur, que depuis les Danicheff la Russie n'est plus le pays des ours.

LE DOCTEUR

Pas mal, Frontin. Tu fais des mots... Je t'essaierai dans le dialogue, un de ces jours. Mais, dis-moi, est-il venu quelqu'un ce matin endant mon absence?

FRONTIN

Oui, monsieur... il est venu plusieurs malades qui ont paru bien désolés de ne pas vous rencontrer et qui vous prient de leur laisser une ordonnance par écrit.

LE DOCTEUR

Volontiers. Quels sont ces malades?

FRONTIN

Mademoiselle Didier, du Gymnase.

LE DOCTEUR

Mademoiselle Didier... Eh bien. (*Écrivant.*) De la graine de moutarde blanche... cela va de soi...

FRONTIN

Coq Hardy, de la Porte-Saint-Martin.

LE DOCTEUR

Coq Hardy... (*Écrivant.*) Un lait de poule.

FRONTIN

La comtesse de Lérins, du Théâtre-Lyrique.

LE DOCTEUR

Six gouttes de mon sirop anti-spasmodique toutes les demi-heures... Avec l'adresse de ma sage-femme...

FRONTIN

La Forza del destino.

LE DOCTEUR

Cet ouvrage où il y a un pistolet qui part tout seul ? Je croyais que l'ouvrage avait fait comme le pistolet.

FRONTIN

Non. Tout a raté.

LE DOCTEUR

Ah! Frontin, l'état sanitaire des théâtres est loin d'être satisfaisant cette année! — Continue.

SCÈNE IV

Les mêmes, BEAUDUVET

BEAUDUVET
M. le docteur César, s'il vous plait?

LE DOCTEUR
C'est moi, monsieur.

BEAUDUVET
Enchanté de pouvoir contempler ces traits illustres... C'est étonnant comme vous êtes ressemblant, monsieur ! J'ai appris que c'était chez vous que se passait l'acte des théâtres... et, en ma qualité de compère... de compère de la Revue, j'ai pris la liberté de me présenter à votre domicile.

LE DOCTEUR
Et vous avez bien fait, monsieur.

BEAUDUVET
Savez-vous que c'est très gentil ici... Il paraît que ça rapporte, la médecine dramatique, hein ?

LE DOCTEUR
Vous êtes venu seul?

BEAUDUVET

Absolument seul!... Mais si vous voulez, je vais aller chercher du monde. Je connais un bourguignon, un charcutier...

LE DOCTEUR

Ce n'en est pas la peine. Nous serons assez tout à l'heure.

BEAUDUVET

En vérité! Vous avez donc le pouvoir de faire venir chez vous les principaux artistes des théâtres de la capitale?

LE DOCTEUR

Non, pas précisément, mais leurs sosies. L'illusion est quelquefois complète.

BEAUDUVET

Je m'en rapporte à vous.

LE DOCTEUR

Allez vous asseoir, monsieur... non pas par ici... là-bas...

FRONTIN

Côté des hommes, côté des drames.

LE DOCTEUR

Maintenant, nous allons faire entrer les théâtres... commençons par les petits.

BEAUDUVET

Soit.

LE DOCTEUR

Pour vous mettre en goût, je vais d'abord vous présenter trois jolies femmes.

BEAUDUVET

Trois jolies femmes !

LE DOCTEUR

Et combien sommes-nous ? Trois ! Une pour chacun.

BEAUDUVET

Chacun sa chacune... chut !...

SCÈNE IV

Les mêmes, JEANNE, JEANNETTE, JEANNETON (*entrant chacune par une porte différente*).

JEANNE

C'est ici.

JEANNETTE

C'est là.

JEANNETON

Me voilà.

JEANNE

Jeannette !

JEANNETTE

Jeanneton !

JEANNETON

Jeanne !

TOUS *chantant.*

Jeanne, Jeannette et Jeanneton !

JEANNE

Exactes au rendez-vous.

JEANNETTE

Comme des créanciers.

BEAUDUVET

Ces dames s'étaient donné rendez-vous.

JEANNE

Oui, monsieur, il y a cinq ans.

LE DOCTEUR

Elles ont de la mémoire... En cinq ans que de choses on oublie !

JEANNE

Pas dans les opéras comiques.

BEAUDUVET à *Jeanne.*

Ainsi, ma belle enfant, vous êtes les trois jeunes filles de la chanson.

JEANNE

Non, monsieur, sous Louis XV la chanson n'existait pas encore.

BEAUDUVET

Ah ! je ne comprends pas.

JEANNE

Notre auteur a trouvé moyen de découvrir que trois femmes célèbres portèrent ces trois noms... moi, monsieur, je suis la Dubarry, je m'appelle Jeanne.

BEAUDUVET

Vous êtes la Dubarry... J'ai beaucoup entendu parler de vous... Le roi Louis XV va bien.

JEANNE

Assez bien, je vous remercie...

JEANNETTE

Moi, monsieur, je suis la Guimard, la célèbre danseuse...

LE DOCTEUR

Une femme légère...

BEAUDUVET

J'allais le dire... Je suis trop loin pour vous serrer la main.

JEANNETON

Moi, Jeanneton.

BEAUDUVET

Vous, Jeanneton ?

JEANNETON

La cabaretière renommée pour son miroton et sa passion pour les dragons.

BEAUDUVET

Nom d'un nom... elles sont gentilles toutes les trois.

JEANNE

C'est ce que le public dit en sortant.

Air *de M. Lacome*

Jeanne, Jeannette et Jeanneton
Sont toutes trois jeunes, jolies...

JEANNETTE

Et chaque soir font des folies,
Se moquant du qu'en-dira-t-on.

JEANNETON

Notre pièce, que l'on excuse,
Manque d'originalité.

JEANNE

Eh! qu'importe, puisqu'elle amuse
Par sa gaieté !
Aussi bien fort applaudit-on
Jeanne, Jeannette et Jeanneton.

TOUS (*reprise*).
Aussi bien fort applaudit-on (etc.).

JEANNE

Adieu, messieurs !

JEANNETTE

Messieurs, au revoir !

JEANNETON

Votre servante messieurs !
(*Elles sortent en fredonnant leur air.*)

SCÈNE V

Les mêmes, *moins* les TROIS JEANNE

BEAUDUVET

Elles sont charmantes, ces demoiselles.

BEAUDUVET

La cabaretière surtout, elle a un charme particulier, n'est-ce pas ?

FRONTIN

On voudrait goûter à son miroton.

LE DOCTEUR

Maintenant, monsieur, voulez-vous me aire le plaisir de passer de l'autre côté

BEAUDUVET

Pourquoi ?

FRONTIN

Côté des drames.

BEAUDUVET

Ah ! très bien !

FRONTIN (*annonçant*).

Mme Fromont jeune... M. Risler aîné.

BEAUDUVET

Fromont jeune et Risler aîné... J'ai entendu parler de ça à Valenciennes... c'est un roman.

LE DOCTEUR

Oui, dont on a fait un drame pour le Vaudeville. Tu vas en voir les principaux personnages.

FRONTIN (*à Beauduvet*).

Ne bougeons plus !

SCÈNE VI

Les mêmes, Madame FROMONT, RISLER, *puis* PLANUS, et Madame RISLER

RISLER (*imitation de M. Parade*).

Ah! chère madame Fromont, j'allais chez vous précisément.

MADAME FROMONT (*imitation de madame Victoria Lafontaine*).

Que vouliez-vous me dire, monsieur Risler?

RISLER

Peu de chose. Je voulais vous dire tout simplement que votre mari fait la noce. V'lan!

MADAME FROMONT

Il serait possible!

RISLER

Absolument possible. Il vous ruine de fond en comble, il dévore toute votre fortune en parties fines. Demandez plutôt à votre fidèle caissier.

(*Planus est entré en fumant sa pipe.*)

BEAUDUVET

Comment! un caissier qui fume la pipe dans un salon.

FRONTIN

C'est un Suisse.

MADAME FROMONT

Est-ce vrai, monsieur Planus, ce que vient de m'apprendre M. Risler.

PLANUS

Hélas, oui ! madame, je suis forcé d'avouer que ma caiche est vide.

BEAUDUVET

Mais ce n'est pas un Suisse, c'est un Auvergnat.

MADAME FROMONT

Et savez-vous le nom de la cocotte avec laquelle mon mari a dissipé ma dot ?

RISLER (*tranquillement*).

C'est ma femme.

MADAME FROMONT

Madame Risler !

RISLER

Aîné. Oui, madame, cette malheureuse me trompe avec votre mari.

MADAME FROMONT

Avec Fromont ?

RISLER

Jeune.

PLANUS

Oh ! oui ! bien cheune.

MADAME FROMONT

J'ose à peine vous croire, monsieur.

PLANUS

Je les ai rencontrés tous deux au bois en victoria.

RISLER

En victoria ! c'est clair.

MADAME FROMONT

Non, Claire, c'est moi.

PLANUS

Non, Victoria, c'est vous.

RISLER

Je voulais dire : c'est juste !

MADAME FROMONT

Vous êtes certain de ce que vous avancez ?

PLANUS

Madame, un caissier est toujours chertain de ce qu'il avanche.

MADAME FROMONT (*cachant sa tête dans ses mains*).

Oh ! les misérables ! Mais enfin, M. Risler, oomment ne vous êtes-vous aperçu de rien ?

RISLER

Moi, j'inventais tranquillement des petites machines à imprimer, pour notre bonheur à tous.

BEAUDUVET

Pauvre homme !

LE DOCTEUR

Il n'a jamais eu que de bons desseins.

RISLER

Ah ! j'étais un mouton... mais le mouton est devenu enragé... vous allez voir... une minute s'il vous plaît : le temps de changer de physionomie.

LE DOCTEUR (à *Beauduvet*).

Observez bien cet acteur comme il est bon quand il est méchant !

RISLER (*allant à la porte*).

Ici tout de suite !...

BEAUDUVET

Il appelle son chien ?

LE DOCTEUR

Non... il appelle sa femme...

BEAUDUVET

Ah ! très bien...

MADAME RISLER (*entrant. — Toilette de bal.*)

Vous m'avez appelée, mon ami ?

RISLER

Je ne suis pas votre ami... Allons, madame, jetez le masque !

MADAME RISLER

Savez-vous que vous êtes un peu vif, mon cher ?

RISLER

Je sais tout... lisez cette lettre...

MADAME RISLER (*lisant*).

Ça y est !...

RISLER

Vous tremblez, car vous savez que ce *papier peint* votre infidélité... Ainsi vous me trompiez... vous me trompiez... A genoux, madame.

MADAME RISLER

Non...

RISLER (*allant prendre sur la table du docteur une cravache qu'il lève sur elle*).

A genoux !

MADAME RISLER

Ah! (*Elle tombe à genoux.*)

RISLER (*chantant*).

Ce collier que paya l'infamie, rendez-le moi... (*Il retire le collier à sa femme et le donne à madame Fromont.*) Maintenant les bracelets, les boucles d'oreilles, les bagues...

MADAME RISLER

Mes bijoux... Oh! ça n'est pas gentil... Quand on donne on ne reprend plus.

RISLER

Otez votre corsage!

MADAME RISLER

Mon corsage...

RISLER

Et votre jupe !

MADAME RISLER

Mais...

RISLER

Obéissez!

MADAME RISLER

J'obéis...

BEAUDUVET

Si ça continue, ça va être amusant...

MADAME RISLER (*retire sa robe et se trouve en jupon blanc*).

RISLER

Maintenant retirez...

MADAME RISLER

Ah! pour cela, non!... Adieu! pour jamais, monsieur! (*Elle se sauve.*)

BEAUDUVET

Ah! il était temps!

RISLER (*sortant*).

Je la rattraperai...

LE CAISSIER (*à madame Fromont*).

Et nous, sauvons la caiche!

MADAME FROMONT

Oui, sauvons la caisse! (*Ils sortent.*)

BEAUDUVET

Ah! très bien... Bravo! cette dernière scène est fort remarquable... Cette femme en jupon blanc...

LE DOCTEUR

N'est-ce pas que c'est empoignant?

BEAUDUVET

Oh! oui... dites donc, peut-on rappeler les acteurs?

LE DOCTEUR

Parbleu... plutôt deux fois qu'une. Ils ne demandent pas mieux.

BEAUDUVET, *criant*.

Tous! tous! tous!

LE DOCTEUR

Fromont! Risler!

FRONTIN

Le Suisse!

SCÈNE VII

Les mêmes, DELOBELLE

DELOBELLE (*Imitation de M. Delannoy. — Il entre gravement.*)

BEAUDUVET

Qu'est-ce qu'il veut ce monsieur. Je ne le connais pas. Je ne l'ai pas rappelé.

DELOBELLE

Pardon... pardon, mon cher, lorsqu'on rappelle, moi, Delobelle, j'entre toujours. A Perpignan j'ai été rappelé quarante-cinq fois dans *le Vieux Caporal*. Et cinquante fois dans *Héloïse et Abeilard*. Je jouais Abeilard. Voulez-vous savoir comment on salue le public? (*I salue avec solennité.*) Voilà comment on salue le public ! On ne salue plus comme cela depuis Lafont ; c'est une tradition perdue. (*Il sort avec lenteur.*)

BEAUDUVET

En voilà un drôle de corps !

SCÈNE VIII

Les mêmes, MISTIGRIS. (*Elle entre, regardant à droite et à gauche.*)

MISTIGRIS

L'avez-vous vu ?

LE DOCTEUR

Qui ça ? Delobelle ?

FRONTIN

Il sort d'ici.

MISTIGRIS

Avec son bandeau ?

BEAUDUVET

Delobelle avait un bandeau ?

MISTIGRIS

Et son arc ?

LE DOCTEUR

Il avait un arc, Delobelle ? Expliquez-vous

MISTIGRIS (*Imitation de Mme Paola-Marié.*)

AIR : *de la Boîte au lait.*

Dans tous les quartiers passant, repassant,
Je cherche l'Amour... comprenez ma peine !
Car, de la Bastille à la Madeleine,
    L'Amour (bis), c'est agaçant,
    L'Amour est absent !

1er COUPLET

Je l'ai cherché chez Henriette,
Chez Clémence, chez Maria ;
Chez la dame et chez la grisette ;
Je l'ai cherché par ci par là,
Chez madame de Saint-Alphonse
Où le hasard guidait mes pas,
Un groom m'a fait cette réponse :
« L'Amour, nous ne connaissons pas. »

2e COUPLET

Je pousse jusques au village ;
J'en visite tous les recoins,
Interrogeant le paysage
Et surtout les meules de foin.
J'avise une fraîche donzelle
Qui traversait un champ de blé :
« L'Amour, monsieur, me répond-elle ;
L'Amour, hélas ! s'est envolé ! »

REFRAIN

Dans tous les quartiers passant, repassant, etc.

BEAUDUVET

Comment vous nomme-t-on, mon petit ami ?

MISTIGRIS

Mistigris... Je suis le rapin de la *Boîte au lait*.

BEAUDUVET

La boîte aux lettres ?

LE DOCTEUR

Non... au lait... un vieux vaudeville qui est devenu une opérette nouvelle et dont madame est une des principales et des plus gracieuses interprètes.

BEAUDUVET

Ah ! monsieur est une dame... le fait est qu'én y regardant de bien près... Alors vous êtes l'étoile du théâtre ?

MISTIGRIS

Hélas ! non, je ne suis pas l'étoile... En ce moment, pour devenir une étoile aux Bouffes, il faut avoir un mari.

LE DOCTEUR

On m'avait dit, ma chère, que vous étiez mariée ?

MISTIGRIS

On vous a trompé... Ah ! si je trouvais...

(*A Beauduvet.*) Monsieur, voulez-vous m'épouser ?

BEAUDUVET

C'est que, je vais vous dire, je ne suis pas encore veuf.

MISTIGRIS

C'est dommage, vous auriez été le mari d'une étoile.

SCÈNE IX

Les mêmes, le comte ROMANI (*il porte un poignard dans son gilet*).

LE COMTE (*entrant*).

Qu'est-ce que vous avez dit, le mari d'une étoile ?

BEAUDUVET

Oui, eh bien ?

LE COMTE

Ah ! monsieur, je n'ai pas l'honneur de vous connaître ; c'est peut-être pour cela que je m'intéresse à vous... et que je vous dis : n'épousez jamais une actrice.

BEAUDUVET

Pourquoi ?

LE COMTE

Ah ! vous ne connaissez pas ces femmes-là, monsieur.

BEAUDUVET

Non, mais je voudrais bien les connaître.

LE COMTE

Je suis le comte Romani... le comte Romani, du Gymnase. J'ai épousé une célèbre tragédienne italienne, la signora Cécilia, une étoile du théâtre de Firenza... Firenza en français, Florence en italien.

BEAUDUVET

Eh bien ?

LE COMTE

Eh bien ! voyez-vous ce journal ? (*Il déploie un immense journal.*)

BEAUDUVET

Le *Journal des Abrutis*.... Joli titre.

LE COMTE

Ce journal contient le récit complet de mon déshonneur... avant et après.

BEAUDUVET

Eh quoi ?

LE COMTE

Air : *du Premier pas.*

Sans le savoir, j'étais... douleur extrême !
Mais c'n'est pas tout, et vous allez bien voir :
Au monsieur qui... j'empruntai, le jour même,
Trois francs dix sous, comme un simple bohème,
　　Sans le savoir (bis).

BEAUDUVET

Mais lorsque vous le sûtes, vous protestâtes si vous le pûtes ?

LE DOCTEUR

Et qu'est-ce que vous fîtes ?

LE COMTE

Je me tuâtes.

LE DOCTEUR

Ah ! comme c'est italien !

BEAUDUVET

Comment ! vous vous tuâtes... Mais puisque vous êtes vivant ?

LE COMTE

Je me suis ressuscité pour le troisième acte.

LE DOCTEUR (*qui a donné depuis quelque temps des signes d'impatience*).

Mais c'est clair, parfaitement clair! monsieur le compère, vous n'entendez rien aux subtilités de l'art dramatique. C'est moi... moi le docteur César... médecin consultant... qui ai conseillé ce faux trépas... une des plus belles conceptions modernes... Ah! ça! Il est idiot, ce compère... C'est un mollusque du dernier ordre.

BEAUDUVET

Dites-donc, monsieur le docteur César ou monsieur le docteur Janin !

LE DOCTEUR

Jalin...

BEAUDUVET

J'aimais mieux Janin... vous le prenez sur un ton... (*Ils vont pour se disputer. On entend tout à coup un grand bruit de trompettes.*)

BEAUDUVET

Des trompettes ! Qu'est-ce qu'elles annoncent ?

FRONTIN (*fredonnant sur un motif de la Belle Hélène.*)

C'est *Rome vaincue* qui s'avance.

SCÈNE X

Les mêmes, *sept ou huit Romains en robe blanche ; puis* VESTAPOR ET POSTHUMIA.

BEAUDUVET
Voilà des personnages bien importants.

LE DOCTEUR
Je le crois bien ; ce sont des sénateurs... des sénateurs romains.

VESTAPOR (*barbu, voûté, convulsif, il tient un immense plumeau à la main. Imitation de M. Mounet-Sully.*)

Je suis un pauvre esclave et n'ai point le loisir
De veiller sur les mœurs de qui je dois servir...
Quand des angles des murs j'ai banni l'araignée,
Que de cuivres polis la cuisine est ornée,
Ma journée est remplie.....

BEAUDUVET
Il est bien vilain, ce serviteur.

LE DOCTEUR
Vous trouvez... Il est pittoresque.

BEAUDUVET
Attendez donc... Mais je l'ai déjà vu... Oui, dans *le Bossu*.

LE DOCTEUR

Ce n'est pas le même.

(*Vestapor frotte le parquet.*)

BEAUDUVET

Allons... le voilà qui se met à frotter maintenant.

FRONTIN

Il aurait bien dû venir ce matin. Comment appelez-vous ce monsieur ?

LE DOCTEUR

Vestapor.

BEAUDUVET

Oh! oh! ce n'est pas un nom de tragédie.

LE DOCTEUR

Non, c'est un nom de parodie.

FRONTIN

Écoute... il va encore parler.

VESTAPOR

Sans en tirer un cri, la hache abat le chêne.
Un jour, le corps pressé des replis d'une chaine
Lourde, rougie au feu, la fille d'un Gaulois
Se taisait, refusant un misérable aux lois.
Leur ministre irrité sévit sur la victime.
Alors, doutant de soi, par un éclair sublime,
Terrible en sa vertu...

FRONTIN

 Que fit-elle de grand ?

VESTAPOR

Elle cracha sa langue au front de son tyran !

TOUS (*avec une expression de dégoût*).

Ah !...

BEAUDUVET

Décidément, je ne prise pas ce Vestapor... D'abord, on n'a jamais vu cracher sa langue... C'est très difficile. (*A Frontin.*) Essayez donc de cracher votre langue, vous.

LE DOCTEUR

Je vous le défends !... Taisez-vous : Costumia... non, Posthumia fait son entrée.

POSTHUMIA (*un bâton d'aveugle à la main. Imitation de madame Sarah Bernhardt. Elle s'adresse à Vestapor.*)

Vénérable pontife, homme noble entre tous,
Successeur de Numa, j'embrasse vos genoux.
De mes pleurs, seul trésor de ces paupières vides,
Si je voyais vos mains, vos mains seraient humides.

BEAUDUVET

C'est une mendiante ?

LE DOCTEUR

Non.

BEAUDUVET

Une sorcière alors ?

LE DOCTEUR

Pas davantage.

BEAUDUVET

Comme elle est vieille !...

LE DOCTEUR

C'est une jeune femme.

BEAUDUVET

Bah ! A quoi se fier au théâtre ! C'est égal, les deux font bien la paire. On n'a jamais vu mettre des magots pareils dans une tragédie... un bossu, une aveugle... Où allons-nous ?

POSTHUMIA (*embrassant les genoux de Vestapor, qui s'est redressé*).

Laissez Rome périr et sauvez mon enfant.

BEAUDUVET

Qu'est-ce qu'elle fait ? Elle lui mange les genoux.

VESTAPOR (*de sa voix naturelle*).

Ma chère dame, ce n'est pas possible ; votre fille a laissé éteindre le feu. Il n'y a pas d'excuse à cela. Mon dieu ! je pourrais la sauver que je le ferais avec plaisir.

BEAUDUVET

Eh bien, mais, ça ne rime plus.

FRONTIN

C'est pour aller plus vite.

VESTAPOR

Je le ferais avec d'autant plus de plaisir que je suis l'oncle de la petite, mais cela ne m'est pas permis. Tout ce que je peux pour vous, ma chère Posthumia, c'est de vous prêter mon couteau.

POSTHUMIA

Donne ! Et maintenant allons !

Je veux toucher son front, entendre encor sa voix ;
Je veux lui dire adieu pour la dernière fois.

VESTAPOR (*redevenant courbé*).

Suivons-la, ma présence est encor nécessaire :
Il me reste à frotter dans la scène dernière.

(*Ils sortent tous les deux, Vestapor soutenant Posthumia.*)

SCÈNE XI

FRONTIN, LE DOCTEUR, BEAUDUVET, LES ROMAINS; *puis* PAUL ET VIRGINIE

LE DOCTEUR

Paul et Virginie ! ne perdons pas de temps. Passons vite à Paul et Virginie.

(Sur un signe du docteur, les Sénateurs qui sont restés en scène se débarrassent vivement de leurs robes et paraissent en pantalons rayés de rouge; chacun d'eux met un masque noir et des gants noirs.)

BEAUDUVET

Ah ! bah ! les sénateurs qui se changent en nègres ! voilà de la mise en scène économique.

LES NÈGRES (*dansant et chantant*).

Dansez, Canada !
Dansez, Bamboula !

BEAUDUVET

Je connais cela, c'est la danse du Cirage.... Mais je voudrais bien voir Paul et Virginie.

LE DOCTEUR

Les voici.

SCÈNE XII

Les mêmes, PAUL et VIRGINIE (*arrivant par le fond, sous un grand parapluie rouge*).

PAUL (*chantant. Imitation de M. Capoul.*)
Par quel charme, ma belle, as-tu donc fait cesser
La déveine opprimant le Théâtre-Lyrique ?
A tes accents accourt une foule homérique.
Ça ne s'est jamais vu... Laisse-moi t'embrasser !

BEAUDUVET (*au docteur*).
Dites-donc, en voilà un gaillard !

LE DOCTEUR
Lui, vouloir embrasser elle !

BEAUDUVET
Mais elle, pas vouloir laisser embrasser !

LE DOCTEUR
Dans pays chauds on embrasse toujours.

PAUL ET VIRGINIE

Ensemble

Parmi les cocotiers, parmi les pamplemousses
Et les cannes à sucre éparses à l'entour,
Unissons nos jeunes frimousses
Dans un chaste baiser d'amour!

(*Ils sortent.*)

BEAUDUVET

Ah! voilà une belle page musicale!

FRONTIN

Oui, je l'aime assez.

LE DOCTEUR

Rappelons-les; qu'en dites-vous?

BEAUDUVET

Paul! Paul!

FRONTIN

Virginie! Virginie!

(*Paul et Virginie reviennent, conduits par Delobelle.*)

BEAUDUVET

Oh! encore Delobelle!

SCÈNE XIII

Les mêmes, KOSIKI, Japonais et Japonaises (*portant des lanternes et des éventails.*)

BEAUDUVET (*au docteur*).

Qu'est-ce que c'est ?

LE DOCTEUR

C'est Kosiki, du théâtre de la Renaissance.

BEAUDUVET

Un homme ou une femme ?

LE DOCTEUR

Un homme, si vous voulez... une femme, si cela vous fait plaisir.

BEAUDUVET

Je n'y suis pas.

LE DOCTEUR

Avez-vous vu l'*Ile de Tulipatan* ? C'est absolument la même chose.

KOSIKI

AIR : *de Charles Lecocq.*

Sous un costume de jongleuse
J'apparais pour le dénoûment
D'une opérette peu joyeuse,
Mais que j'enlève rondement.
« L'actrice fait passer la pièce ! »
Se dit le public indulgent;
« Voix charmante, esprit, goût, finesse...
Nous en avons pour notre argent! »

BEAUDUVET

Ah! vous êtes jongleuse?

KOSIKI

Voulez-vous un échantillon de mon savoir faire?

BEAUDUVET.

Est-ce que cela me coûtera quelque chose?

KOSIKI

Fi donc! monsieur, veuillez être assez aimable pour vous placer contre cette planche.

BEAUDUVET

Je n'ai rien à vous refuser, belle Japonaise.

KOSIKI (*aux Japonais*),

Garottez monsieur !

BEAUDUVET

Permettez.. est-ce bien utile ? (*Au docteur*) : Elle va sans doute faire mon portrait.

KOSIKI (*prenant des poignards*).

Monsieur, je vous préviens que si vous tentez un seul mouvement vous risquez un œil ou une oreille.

BEAUDUVET

Fichtre ! mais c'est l'exercice des poignards ! je l'ai vu faire autrefois aux Folies-Bergère. Je ne veux pas ! (*Avec inspiration*) Ah ! je cède ma place au comte Romani ! Il a l'habitude des coups de poignard, lui.

KOSIKI.

Silence donc ! Vous allez faire manquer le truc. (*Elle lance un poignard qui va se ficher sur la planche.*) Un !

BEAUDUVET

Arrêtez !

KOSIKI (*même jeu*).

Deux... Trois... Ah ! voilà le coup le plus difficile : il manque une fois sur deux.

BEAUDUVET

Je vous en fais grâce.

KOSIKI

Quatre... il a réussi ! Ça n'est pas plus difficile que cela. Monsieur, vous êtes libre.

BEAUDUVET

Ouf!

SCÈNE XIV

Les mêmes, DELOBELLE (*entrant précipitamment*).

DELOBELLE

Monsieur le docteur! monsieur le docteur!

LE DOCTEUR

Encore vous ? Ah ça, mon cher...

DELOBELLE

Il ne s'agit pas de moi... Venez vite, docteur !

TOUS

Qu'est-ce qu'il y a?

DELOBELLE

L'Ambigu va rouvrir... il n'y a pas une minute à perdre.... Avez-vous des réconfortants?... Venez!

LE DOCTEUR

L'Ambigu.... Ah! mon Dieu! courons....
Frontin, ma boîte de secours!. Je dois bien avoir quelque part un manuscrit... — Ah! le drame de M. Marc-Bayeux!

(*Il se précipite hors du théâtre, suivi de Delobelle et de Frontin.*)

CHŒUR EN LANGUE JAPONAISE ET SIMULACRE DE DANSE LOCALE. — LA TOILE TOMBE.

FIN

Paris. — Imp. Alcan-Lévy, rue de Lafayette, 61.